www.QuoraChinese.com

KUBLAI KHAN

BIOGRAPHY

忽必烈传

中国历史名人传记

QING QING JIANG

江清清

PREFACE

I am excited to welcome you to the Chinese Biography series. In this series, we will discover lives of some of the most famous people from Chinese history. Each book will introduce a famous Chinese personality whose contributions were immense to shape China's future. The books in Biography series contain numerous lessons in Mandarin Chinese. We start with a brief introduction of the book in the preface (前言), a bit detailed introduction to the person, and continue to dig his life and relevant issues. Each book contains 6 to 10 chapters made of simple Chinese sentences. For the readers' convenience, a comprehensive vocabulary has been provided at the beginning of each chapter. The pinyin for the Chinese text is provided after the main text. Further, to enforce a deeper Chinese learning, the English interpretation of the Chinese text has been purposely excluded from the books. This would help the readers think deeply about the contents the way native Chinese do! In order to help the students of Mandarin Chinese remember important characters, words, long words, idioms, etc., these entities have been purposely repeated throughout the book, and across the books in the series. Taken together, the books in Biography series will tremendously help readers improve their Chinese reading skills.

If you have any questions, suggestions, and feedbacks, feel free to let me know in the review or comments.

You can find more about China and Chinese culture on my blog and Amazon homepage.

I blog at:

www.QuoraChinese.com

-Qing Qing

江清清

©2023 Qing Qing Jiang

All rights reserved.

MOST FAMOUS &

TOP INFLUENTIAL PEOPLE IN

CHINESE HISTORY

SELF-LEARN READING

MANDARIN CHINESE, VOCABULARY,

EASY SENTENCES,

HSK ALL LEVELS

(PINYIN, SIMPLIFIED CHARACTERS)

ACKNOWLEDGMENTS

I am a blogger. It has been a long and interesting journey since I started blogging quite a few years ago.

The blogging passion enabled me to write useful contents. In particular, I have been writing about China, and its culture.

My passion in writing was supported by my friends, colleagues, and most importantly, the almighty.

I thank everyone for constantly inspiring me in my life endeavours.

CONTENTS

PREFACE 2

ACKNOWLEDGMENTS 4

CONTENTS 5

LIFE (人物生平) 8

EARLY LIFE EXPERIENCES (早年经历) 13

GETTING TO KNOW CONFUCIANISM (接触儒学) 17

ASCENDING THE THRONE (即位建元) 22

EASTERN EXPEDITION TO JAPAN (东征日本) 26

ILLNESS AND DEATH (患病去世) 32

ANECDOTES (奇闻轶事) 38

前言

忽必烈，是一个可以与成吉思汗相提并论的男人，人们总是把这两个人放在一起谈论，而这两个人之间，确实也存在着千丝万缕的联系。从血缘关系上来看，忽必烈是成吉思汗的孙子，但是丝毫不逊色，青出于蓝而胜于蓝啊。从所取得的功绩来看，成吉思汗创立了蒙古国，实现了蒙古的统一。而忽必烈建立了元朝，实现了全国的大一统。这两个人都对中国的统一进程起到了巨大的推动作用。忽必烈作为元朝的开国皇帝，他这一路走来也很艰辛，历经了很多磨难，最后才能达到常人所不能及的成就。可以说，忽必烈的成功与他重用汉人有很大的关联。当时中原文化已经达到了很高的成就，蒙古人虽然硬实力很强，也就是在领兵打仗方面很厉害，但是软实力很弱，也就是文化方面，所以忽必烈能够成功也是顺应了社会发展。但可惜的是，忽必烈的晚年生活并不如意，他的前半生风风火火，后半生却是孤苦伶仃，可悲，可叹啊！

Hū bì liè, shì yīgè kěyǐ yǔ chéngjísīhán xiāngtíbìnglùn de nánrén, rénmen zǒng shì bǎ zhè liǎng gèrén fàng zài yīqǐ tánlùn, ér zhè liǎng gèrén zhī jiān, quèshí yě cúnzàizhe qiān sī wàn lǚ de liánxì. Cóng xiěyuán guānxì shànglái kàn, hū bì liè shì chéngjísīhán de sūnzi, dànshì sīháo bù xùnsè, qīngchūyúlán ér shèng yú lán a. Cóng suǒ qǔdé de gōngjī lái kàn, chéngjísīhán chuànglìle ménggǔ guó, shíxiànle ménggǔ de tǒngyī. Ér hū bì liè jiànlìle yuáncháo, shíxiànle quánguó de dà yītǒng. Zhè liǎng gèrén dōu duì zhōngguó de tǒngyī jìnchéng qǐ dàole jùdà de tuīdòng zuòyòng. Hū bì liè zuòwéi yuáncháo de kāiguó huángdì, tā zhè yīlù zǒu lái yě hěn jiānxīn, lìjīngle hěnduō mónàn, zuìhòu cáinéng dádào chángrén suǒ bùnéng jí de chéngjiù. Kěyǐ shuō, hū bì liè de chénggōng yǔ tā zhòngyòng hànrén yǒu hěn dà de guānlián. Dāngshí zhōngyuán wénhuà yǐjīng dádàole hěn gāo de chéngjiù, ménggǔ rén suīrán yìng shi lì hěn qiáng, yě jiùshì zài lǐng bīng dǎzhàng fāngmiàn hěn lìhài, dànshì ruǎn shílì hěn ruò, yě jiùshì wénhuà fāngmiàn, suǒyǐ hū bì liè nénggòu chénggōng yěshì shùnyìngle shèhuì fāzhǎn. Dàn kěxí de shì, hū bì liè de wǎnnián shēnghuó bìng bùrúyì, tā de qián bànshēng fēngfēnghuǒhuǒ, hòu bànshēng què shì gūkǔlíngdīng, kěbēi, kě tàn a!

LIFE (人物生平)

Kublai Khan (忽必烈, 1215-1294), full name Bo Er Zhi Jin • Kublai Khan (孛儿只斤•忽必烈), a grandson of Genghis Khan (成吉思汗, 1162-1227), was a Mongolian statesman and strategist. He was the fifth Khan (可汗) of the Great Mongolia (大蒙古国), and the founder of China's Yuan Dynasty (元朝, 1271-1368), also known as the Great Yuan Dynasty (大元大蒙古国).

Kublai Khan was born in 1215. He was a Grandson of Tiemuzhen (Genghis Khan). His father was emperor Ruizong of Yuan (元睿宗, 1193-1232), the fourth son of Genghis Khan (元太祖). His mother was Klei Suluhetheni (1192-1252, 克烈•唆鲁禾帖尼).

While growing up, Kublai Khan was considered to be a wise individual. He loved his mom and was famous for his filial piety (孝顺). When Kublai Khan was still in Qiandi (潜邸, the residence of the emperor before he ascended the throne), he had already met scholars from the Central Plains and was familiar with the political and social situation in the Han regions of the Central Plains. In his palace, a large number of intellectuals, mainly of Han nationality, gathered and became Kublai Khan's staff. For example, the Han intellectuals Dou Mo (窦默, 1196-1280) and Yao Shu (姚枢, 1203-1280), who had already joined the Mongolian aristocracy as early as the period of the Great Khan of Okuotai (1186-1241, reigned 1229-1241)-- the third son of Genghis Khan, were recruited and employed again by Kublai Khan. From them, Kublai Khan leaned the Han culture, such as the Confucian way of governing the country. He also learnt reforming the poor administration, reducing taxes, encouraging agriculture, and promoting education. Further, he also invited intellectuals from the Southern Song Dynasty to learn Mongolian and translate the Han texts to Mongolian language and provide insights to Kublai Khan. Wang E (王鹗, 1190-1273), a native of Shandong, was one of those famous Confucian scholars from the Central Plains hired to learn Mongolian and explain Confucian classics to Kublai Khan. Wang E brought several classics to the palace of Kublai Khan to teach him Confucianism. The classics included the Book of Filial Piety 《孝经》, The Book of History 《尚书》, and the Book of Changes 《易经》. Wang E helped Kublai Khan deeply understand the Confucianism.

The Mongolian people had practiced polygamy since ancient times, and as the Great Khans, the rulers usually had too many concubines. Genghis Khan is not only known for his military talents, but also for his lust. His grandson, Kublai Khan was also a romantic person. He also had numerous concubines, the most famous of which was Chabi (弘吉剌·察必, ?-1281). She became the first wife of Kublai Khan. Chabi was intelligent, industrious and thrifty person. Chabi was Kublai Khan's beloved wife, and gave birth to four sons for Kublai. After her death, she was honored as Empress Zhao Rui Shun (昭睿顺圣皇后). The death of his beloved wife, and son greatly affected Kublai Khan, who began to overeat and eventually died of illness.

In 1251, Kublai Khan's eldest brother, Meng Ge (蒙哥, 1209-1259), became the emperor of the Great Mongolian Kingdom (大蒙古国皇帝), i.e., the Great Khan of the Mongolian Empire (蒙古帝国大汗). In fact, Meng Ge, titled Yuan Xianzong (元宪宗), the eldest brother of Kublai Khan, was also the grandson of Genghis Khan. He was the Great Khan (大汗) of the Great Mongolia (大蒙古国), reigning from 1251 to 1259.

Soon after Meng Ge ascended the throne in 1251, he appointed Kublai Khan as the minister responsible for the military affairs dealing with the issues of the Han people in the south of the Gobi Desert (漠南).

In 1258, Meng Ge attacked the Southern Song Dynasty (南宋, 1127-1279) and appointed Kublai Khan to act as the head of the Eastern Route Army.

In September 1259, Meng Ge died of illness on the front line. Subsequently, Kublai Khan, Meng Ge's real brother, was able to grab the power in 1260. In fact, after Meng Ge died, the position of the Great Khan should have been passed on to the descendants of Meng Ge, but Kublai Khan used force to seize the position of the Great Khan. Although in Kublai Khan's view, he obtained it with after contending with his brother Alibuge (阿里不哥, 1219-1266), but in fact, neither Kublai nor Alibuge were legally qualified to be the Great Khan. Only the sons of Meng Ge were eligible for the throne of the Great Khan. So no matter from which perspective, Kublai Khan was a usurper.

In 1271, Kublai Khan changed the name of the country to the Great Yuan (大元). This was the start of the Yuan Dynasty in China. Beijing, then known as Dadu (大都), was determined to be the capital.

In 1274, Kublai Khan ordered Boyan (伯颜, 1236-1295), a famous minister from the Great Mongol Empire to the early Yuan Dynasty, to attack the Song Dynasty (宋朝, 960-1279).

In 1279 the Song Empire was defeated by the Yuan soldiers, and the Yuan Dynasty was able to extend their rule by unifying China.

Kublai Khan established the Yuan Dynasty and was an important figure in promoting the Sinicization of Mongolia. Unfortunately, after the reunification of the whole country, many reforms of Kublai Khan ended in failure. During the same period, Kublai Khan sent troops to expedition to Japan (日本), Vietnam (安南), Burma (缅甸) and Java (爪哇) one after another, all of which were unsuccessful. On a positive side, fighting against the intrusions of the northwestern kings, such as Haidu (海都, 1234-1301) of Xinjiang, were peacefully subdued.

Kublai Khan's first half of his life can be described as a successful (career) and happy. He was born in the Mongolian royal family, led troops to fight with great military achievements, and later inherited the Khan throne and established the Yuan Dynasty. He was accompanied by his beloved queen and an outstanding prince as his heir. Unfortunately, in his later years, his life began to decline and even become miserable, and he lost everything that made him successful and happy before. In Kublai Khan's later years, especially after the collapse of the Southern Song Dynasty and its unification with Yuan Empire, several military operations basically ended in failure. For example, the two expeditions to Japan suffered heavy losses due to typhoons. The first dispatch of more than 10,000 people failed, and the second expedition of 150,000 also failed. Even, he went south and attacked small Southeast Asian countries such as Vietnam and Myanmar, neither invasion succeeded.

In 1281, Kublai Khan's beloved Empress Chabi died. Not only did she accompany him almost all his life, gave birth to four sons for him, but she was also his virtuous helper, helping Kublai at critical times. Therefore, the death of Empress Chabi made Kublai Khan feel devastated. Five years later, the eldest son of Kublai Khan and Empress

Chabi, Crown Prince Zhenjin/Jingim (皇太子真金/孛儿只斤·真金, 1243-1286), died of illness. He was the heir to the throne cultivated by Kublai Khan since he was a child, but in the end, he became overly frightened due to a political turmoil, and died of a serious illness at the age of 43. Because of these failures and tragedies, Kublai Khan felt devastated, so he began to drink and overeat. From then on, he rapidly gained weight and became fatter and sicker. In the end, he died in agony from the disease. It was the year 1294 when Kublai Khan died of illness.

Kublai Khan's overall reign stretched from 1260 to 1294. His posthumous title was Emperor Shizu of Yuan (元世祖).

EARLY LIFE EXPERIENCES (早年经历)

1	忽必烈	Hū bì liè	Kublai Khan
2	儿子	Érzi	Son
3	同样	Tóngyàng	Same; equal; similar
4	成吉思汗	Chéngjí sīhán	Genghis khan
5	孙子	Sūnzi	Grandson
6	从小	Cóngxiǎo	From childhood; since one was very young; as a child
7	展现	Zhǎnxiàn	Unfold before one's eyes; emerge
8	常人	Chángrén	Ordinary person; common people; the man in the street
9	一面	Yīmiàn	One side
10	打猎	Dǎliè	Go hunting
11	兔子	Tùzǐ	Rabbit; hare
12	山羊	Shānyáng	Goat; buck
13	喜爱	Xǐ'ài	Like; love; be fond of; be keen on
14	如同	Rútóng	Like; similar to; as
15	最喜爱	Zuì xǐ'ài	Favorite; like best
16	据说	Jùshuō	It is said; they say; allegedly
17	看重	Kànzhòng	Think highly of; regard as important;
18	父亲	Fùqīn	Father
19	时候	Shíhòu	Time
20	打仗	Dǎzhàng	Fight; go to war; make war
21	提前	Tíqián	Shift to an earlier date; move up; bring forward; advance
22	适应	Shìyìng	Suit; adapt; get with it; fit

23	战场	Zhànchǎng	Battlefield; battleground; battlefront
24	生活	Shēnghuó	Life; live; exist; livelihood
25	看出	Kàn chū	Make out; perceive; find out; be aware of
26	天赋	Tiānfù	Inborn; innate; endowed by nature; natural gift
27	很遗憾	Hěn yíhàn	Unfortunately; I'm sorry to hear that; I'm sorry.
28	十六	Shíliù	Sixteen
29	去世	Qùshì	Die; pass away
30	留下	Liú xià	Leave; keep; stay; remain
31	母亲	Mǔqīn	Mother
32	独自	Dúzì	Alone; by oneself; one's own
33	抚养	Fǔyǎng	Foster; raise; bring up
34	兄弟	Xiōngdì	Brothers; fraternal; brotherly
35	之后	Zhīhòu	Later; after; afterwards
36	单亲家庭	Dān qìng jiātíng	One-parent family; single-parent family
37	教导有方	Jiàodǎo yǒu fāng	Skillful in teaching and able to provide guidance
38	谆谆	Zhūnzhūn	Earnestly and tirelessly
39	教导	Jiàodǎo	Instruct; teach; give guidance; enlighten
40	之下	Zhī xià	Under
41	茁壮	Zhuó zhuàng	Healthy and strong; sturdy; vigorous
42	成长	Chéng zhǎng	Grow up; grow to maturity;
43	母亲	Mǔqīn	Mother
44	懂得	Dǒngdé	Understand; know; grasp
45	人情世故	Rénqíng shìgù	Traditional code of conduct;

			worldly wisdom
46	纷争	Fēnzhēng	Dispute; wrangle
47	日后	Rìhòu	In the future; in the days to come
48	崛起	Juéqǐ	Rise abruptly; rise sharply; suddenly appear on the horizon
49	奠定	Diàndìng	Establish; settle; make firm or stable
50	一定	Yīdìng	Fixed; established; regular

Chinese (中文)

忽必烈是拖雷的四儿子，同样也是成吉思汗的孙子。忽必烈从小就展现了异于常人的一面。

在他八岁的时候，在一次打猎中，射死兔子和山羊，得到了成吉思汗的喜爱，就如同成吉思汗在所有儿子当中最喜爱拖雷一般。据说他也是成吉思汗最喜爱的孙子，成吉思汗特别看重他。

忽必烈的父亲在忽必烈很小的时候，便带他去打仗，带他提前适应战场的生活，从中我们也可以看出忽必烈天赋异禀。

但是很遗憾的是，在忽必烈十六岁那年，他的父亲就去世了，只留下母亲独自抚养他们兄弟几人。

虽然在那之后忽必烈就生活在单亲家庭里了，但是忽必烈的母亲教导有方，在母亲谆谆的教导之下，忽必烈健康而又茁壮地成长了。

忽必烈的母亲也是一个懂得人情世故的人，因此他们一家也躲过了很多的纷争，这也为忽必烈日后的崛起奠定了一定的基础。

Pinyin (拼音)

Hū bì liè shì tuō léi de sì érzi, tóngyàng yěshì chéngjísīhán de sūnzi. Hū bì liè cóngxiǎo jiù zhǎnxiànle yì yú chángrén de yīmiàn.

Zài tā bā suì de shíhòu, zài yīcì dǎliè zhōng, shè sǐ tùzǐ hé shānyáng, dédàole chéngjísīhán de xǐ'ài, jiù rútóng chéngjísīhán zài suǒyǒu érzi dāngzhōng zuì xǐ'ài tuō léi yībān. Jùshuō tā yěshì chéngjísīhán zuì xǐ'ài de sūnzi, chéngjísīhán tèbié kànzhòng tā.

Hū bì liè de fùqīn zài hū bì liè hěn xiǎo de shíhòu, biàn dài tā qù dǎzhàng, dài tā tíqián shìyìng zhànchǎng de shēnghuó, cóngzhōng wǒmen yě kěyǐ kàn chū hū bì liè tiānfù yì bǐng.

Dànshì hěn yíhàn de shì, zài hū bì liè shíliù suì nà nián, tā de fùqīn jiù qùshìle, zhǐ liú xià mǔqīn dúzì fǔyǎng tāmen xiōngdì jǐ rén.

Suīrán zài nà zhīhòu hū bì liè jiù shēnghuó zài dān qìng jiātíng lǐle, dànshì hū bì liè de mǔqīn jiàodǎo yǒu fāng, zài mǔqīn zhūnzhūn de jiàodǎo zhī xià, hū bì liè jiànkāng ér yòu zhuózhuàng dì chéngzhǎngle.

Hū bì liè de mǔqīn yěshì yīgè dǒngdé rénqíngshìgù de rén, yīncǐ tāmen yījiā yě duǒguòle hěnduō de fēnzhēng, zhè yě wèi hū bì lièrì hòu de juéqǐ diàndìngle yīdìng de jīchǔ.

GETTING TO KNOW CONFUCIANISM (接触儒学)

1	蒙古国	Ménggǔ guó	Mongolia
2	也就是	Yě jiùshì	Namely; that is
3	成吉思汗	Chéngjí sīhán	Genghis Khan
4	一部分	Yībùfèn	A part; a portion; partial
5	分封	Fēnfēng	Enfeoff
6	恩惠	Ēnhuì	Favor; kindness; grace; bounty
7	府邸	Fǔdǐ	Mansion; mansion house
8	时候	Shíhòu	Time
9	上来	Shànglái	Come up; begin; start
10	一个人	Yīgè rén	One
11	没有	Méiyǒu	Not have; there is not; be without; not so ...as
12	想到	Xiǎngdào	Think of; call to mind; have at heart
13	到来	Dàolái	Arrival; advent
14	改变	Gǎibiàn	Change; alter; transform; turn
15	一生	Yīshēng	A lifetime; all one's life; throughout one's life
16	就是	Jiùshì	Quite right; exactly; precisely
17	小瞧	Xiǎoqiáo	Underestimate; look down upon
18	精通	Jīngtōng	Be proficient in; have a good command of; master; be good at
19	大师	Dàshī	Great master; grandmaster; master
20	朝夕相处	Zhāoxì xiāngchǔ	Be together morning and night; be closely associated
21	儒家思想	Rújiā sīxiǎng	Confucianism
22	从来没有	Cónglái	Never

		méiyǒu	
23	蒙古人	Ménggǔ rén	Mongol; Mongolian
24	中原	Zhōngyuán	Central plains
25	不一样	Bù yīyàng	Different; unlike; Not the same
26	慢慢	Màn man	Slowly; leisurely; gradually
27	儒家	Rújiā	The Confucian school
28	钻研	Zuānyán	Study intensively; dig into
29	潜心	Qiánxīn	With great concentration; devote oneself to something
30	普遍认为	Pǔbiàn rènwéi	General; It is generally believed that; It is universally acknowledged that.
31	第一个	Dì yī gè	First; the first one
32	协助	Xiézhù	Assist; help; give assistance; provide help
33	涉及到	Shèjí dào	Touch; involve; when it comes to; touch on; be involved in
34	总之	Zǒngzhī	In a word; in short; in brief; all in all
35	涵盖	Hángài	Contain completely; contain; cover
36	难能可贵	Nánnéng kěguì	Praiseworthy for one's excellent conduct; estimable; rare and commendable
37	不仅	Bùjǐn	Not the only one
38	应用于	Yìngyòng yú	Apply to
39	日常生活	Rìcháng shēnghuó	Everyday life; daily life
40	当中	Dāng zhōng	In the middle;
41	学以致用	Xué yǐzhì yòng	Learn in order to practice; apply what one has learned; learning for practice
42	看似	Kàn shì	Look like; look as if

43	起来	Qǐlái	Stand up; sit up; rise to one's feet
44	大方	Dàfāng	Generous; liberal; expert; scholar
45	心怀	Xīnhuái	Harbor; entertain; cherish
46	局限于	Júxiàn yú	Be confined to; be limited to
47	眼前	Yǎnqián	Before one's eyes; at the moment; at present; now
48	光景	Guāngjǐng	Scene
49	能干	Nénggàn	Able; capable; competent
50	大事	Dàshì	Great event; major event; important matter

Chinese (中文)

当窝阔台总领蒙古国的时候，窝阔台也就是成吉思汗的第三个儿子，他打下了一部分汉地，因而对它进行分封。托雷虽然去世了，但是忽必烈一家也得到了一点恩惠，得到了一座府邸。

就在这个时候，府上来了一个人，谁也没有想到，这个人的到来，改变了忽必烈的一生，这个人就是刘秉忠。

可别小瞧这个人，他是一个精通儒学的大师。在和忽必烈朝夕相处中，刘秉忠向忽必烈传输了很多的儒家思想文化，这是忽必烈之前从来没有接触过的知识，因为他们蒙古人和中原地区学习的知识是不一样的。

在刘秉忠的影响之下，忽必烈慢慢的对儒家文化产生了浓厚的兴趣，开始主动钻研儒家思想文化，在那之后，忽必烈便潜心学习儒家思想，人们普遍认为他是第一个学习儒家文化的蒙古人。

刘秉忠也一直留在府里，协助忽必烈学习儒家文化，这其中涉及到各方各面，有关于安邦治国的，有关于礼乐制度的，还有关于教育方面的，总之涵盖了很多，忽必烈学的也更加深入了。

所以说，忽必烈最难能可贵的一个地方就是不仅能够接受儒学，而且还能把儒家思想应用于日常生活当中，学以致用，看似简单，但实际操作起来很难，忽必烈身为一个蒙古人能够大方的接受中原的文化和思想，可见其心怀广阔，并不局限于眼前的短暂光景，是个能干大事的人。

Pinyin (拼音)

Dāng wō kuò tái zǒng lǐng ménggǔ guó de shíhòu, wō kuò tái yě jiùshì chéngjísīhán de dì sān gè er zi, tā dǎxiàle yībùfèn hàn de, yīn'ér duì tā jìn háng fēnfēng. Tuō léi suīrán qùshìle, dànshì hū bì liè yījiā yě dédàole yīdiǎn ēnhuì, dédàole yīzuò fǔdǐ.

Jiù zài zhège shíhòu, fǔ shàngláile yīgè rén, shéi yě méiyǒu xiǎngdào, zhège rén de dàolái, gǎibiànle hū bì liè de yīshēng, zhège rén jiùshì liúbǐngzhōng.

Kě bié xiǎoqiáo zhège rén, tā shì yīgè jīngtōng rúxué de dàshī. Zài hé hū bì liè zhāoxìxiāngchǔ zhōng, liúbǐngzhōng xiàng hū bì liè chuánshūle hěnduō de rújiā sīxiǎng wénhuà, zhè shì hū bì liè zhīqián cónglái méiyǒu jiēchùguò de zhīshì, yīnwèi tāmen ménggǔ rén hé zhōngyuán dìqū xuéxí de zhīshì shì bù yīyàng de.

Zài liúbǐngzhōng de yǐngxiǎng zhī xià, hū bì liè màn man de duì rújiā wénhuà chǎnshēngle nónghòu de xìngqù, kāishǐ zhǔdòng zuānyán rújiā sīxiǎng wénhuà, zài nà zhīhòu, hū bì liè biàn qiánxīn xuéxí rújiā sīxiǎng, rénmen pǔbiàn rènwéi tā shì dì yīgè xuéxí rújiā wénhuà de ménggǔ rén.

Liúbǐngzhōng yě yīzhí liú zài fǔ lǐ, xiézhù hū bì liè xuéxí rújiā wénhuà, zhè qízhōng shèjí dào gè fāng gè miàn, yǒu guānyú ān bāng zhìguó de, yǒu guānyú lǐ yuè zhìdù de, hái yǒu guānyú jiàoyù fāngmiàn de, zǒngzhī hángàile hěnduō, hū bì liè xué de yě gèngjiā shēnrùle.

Suǒyǐ shuō, hū bì liè zuì nánnéngkěguì de yīgè dìfāng jiùshì bùjǐn nénggòu jiēshòu rúxué, érqiě hái néng bǎ rújiā sīxiǎng yìngyòng yú rìcháng shēnghuó dāngzhōng, xué yǐzhì yòng, kàn shì jiǎndān, dàn shíjì cāozuò qǐlái hěn nán, hū bì liè shēn wéi yī gè ménggǔ rén nénggòu dàfāng de jiēshòu zhōngyuán de wénhuà hé sīxiǎng, kějiàn qí xīnhuái guǎngkuò, bìng bù júxiàn yú yǎnqián de duǎnzàn guāngjǐng, shìgè nénggàn dàshì de rén.

ASCENDING THE THRONE (即位建元)

1	即位	Jíwèi	Take one's place; ascend the throne
2	蒙古国	Ménggǔ guó	Mongolia
3	帝位	Dìwèi	Throne
4	有机会	Yǒu jīhuì	Have an opportunity
5	自己的	Zìjǐ de	Self
6	身手	Shēnshǒu	Skill; talent
7	儒家思想	Rújiā sīxiǎng	Confucianism
8	应用于	Yìngyòng yú	Apply to
9	现实生活	Xiànshí shēnghuó	Real life, actual life
10	因病	Yīn bìng	Due to illness; because of illness
11	去世	Qùshì	Die; pass away
12	奉命	Fèngmìng	Receive orders; act under orders
13	攻打	Gōngdǎ	Attack; assault; assail
14	南宋	Nánsòng	The Southern Song Dynasty
15	前线	Qiánxiàn	Front; frontline
16	本事	Běnshì	Skill; ability; capability
17	不容置疑	Bùróng zhìyí	Allow of no doubt; be above suspicion
18	无功而返	Wú gōng ér fǎn	Return without accomplishing anything
19	面子	Miànzi	Outer part; outside; face
20	到时候	Dào shíhòu	By the time; That time; in due course; at that time
21	一定会	Yīdìng huì	In for
22	心服口服	Xīnfú kǒufú	Be sincerely convinced
23	等不及	Děng bùjí	Be too late to wait; be too impatient to wait

24	阿里	Ālǐ	Ali (name)
25	惦记	Diànjì	Remember with concern; be concerned about; keep thinking about
26	至高无上	Zhìgāo wúshàng	Supreme; crowning; loftiest; paramount
27	迟迟	Chí chí	Slow; tardy
28	暗暗	Àn'àn	Secretly; inwardly; to oneself
29	集结	Jíjié	Mass; concentrate; build up
30	使者	Shǐzhě	Emissary; envoy; messenger
31	催促	Cuīcù	Urge; hasten; press; prompt
32	政局	Zhèngjú	Political situation; political scene
33	越来越	Yuè lái yuè	More and more
34	加大	Jiā dà	Increase; enlarge; augment
35	力度	Lìdù	Intensity; strength; force; depth
36	割地赔款	Gēdì péikuǎn	Cede territory and pay indemnities
37	答应	Dāyìng	Answer; reply; respond
38	撤兵	Chèbīng	Withdraw troops
39	返回	Fǎnhuí	Return; go back; revert; recurrence
40	回来	Huílái	Return; come back; be back; go back; back
41	朝政	Cháozhèng	Affairs of state; the political situation and power of an imperial government
42	正式	Zhèngshì	Formal; official; regular
43	登基	Dēngjī	Ascend the throne; be enthroned
44	帝王	Dìwáng	Emperor; monarch
45	国号	Guó hào	Title of a reigning dynasty
46	元朝	Yuáncháo	Yuan Dynasty (1279-1368)
47	皇帝	Huángdì	Emperor

Chinese (中文)

忽必烈的哥哥蒙哥即位蒙古国的帝位后，将岭南的事务都交由忽必烈管理。忽必烈也终于有机会施展自己的身手了。在这个时期，忽必烈就任用了很多儒家学士，真正的将儒家思想应用于现实生活当中。

几年后，忽必烈的哥哥因病去世，此时的忽必烈正在奉命攻打南宋，还在战争前线呢。有密信召忽必烈回来继承帝位，忽必烈应该是最有权利继承这个位置的了，身份和本事都不容置疑。

但是忽必烈是这么想的，他原本就是奉命南下攻打南宋，如果无功而返，岂不是太没有面子了。而如果他打下了南宋，立下了这么大的功再回去继承帝位的话，到时候那些大臣们一定会心服口服的。

但是忽必烈等得及，有人已经等不及了。忽必烈的弟弟阿里不哥也在惦记着这个帝位，毕竟谁都想要至高无上的地位。阿里不哥趁着忽必烈迟迟未归，一直在暗暗的集结自己的势力。

使者一直催促忽必烈回来继承帝位，只有他回来了，才能稳定住政局，否则只会越来越乱。忽必烈也深知知道自己该回去了，但是攻打南宋一时半会是做不到了，但他必须得做出点成绩让大家看看。

他继续加大对南宋的攻击力度，最后南宋不得不派使者出来谈判，以割地赔款求和，忽必烈这才答应撤兵，返回蒙古国。

忽必烈回来后，处理哈朝政的事情后，正式登基成为蒙古国的帝王，改国号为元，所以忽必烈是元朝的第一任皇帝。

Pinyin (拼音)

Hū bì liè dí gēgē méng gē jíwèi ménggǔ guó de dìwèi hòu, jiāng lǐngnán de shìwù dōu jiāo yóu hū bì liè guǎnlǐ. Hū bì liè yě zhōngyú yǒu jīhuì shīzhǎn zìjǐ de shēnshǒule. Zài zhège shíqí, hū bì liè jiùrèn yòngle hěnduō rújiā xuéshì, zhēnzhèng de jiāng rújiā sīxiǎng yìngyòng yú xiànshí shēnghuó dāngzhōng.

Jǐ nián hòu, hū bì liè dí gēgē yīn bìng qùshì, cǐ shí de hū bì liè zhèngzài fèngmìng gōngdǎ nánsòng, hái zài zhànzhēng qiánxiàn ní. Yǒu mì xìn zhào hū bì liè huílái jìchéng dìwèi, hū bì liè yīnggāi shì zuì yǒu quánlì jìchéng zhège wèizhì dele, shēnfèn hé běnshì dōu bùróng zhìyí.

Dànshì hū bì liè shì zhème xiǎng de, tā yuánběn jiùshì fèngmìng nánxià gōngdǎ nánsòng, rúguǒ wú gōng ér fǎn, qǐ bùshì tài méiyǒu miànzile. Ér rúguǒ tā dǎxiàle nánsòng, lì xiàle zhème dà de gōng zài huíqù jìchéng dìwèi dehuà, dào shíhòu nàxiē dàchénmen yīdìng huì xīnfú kǒufú de.

Dànshì hū bì liè děng dé jí, yǒurén yǐjīng děng bùjíle. Hū bì liè de dìdì ālǐ bù gē yě zài diànjìzhe zhège dìwèi, bìjìng shéi dōu xiǎng yào zhìgāowúshàng dì dìwèi. Ālǐ bù gē chènzhe hū bì liè chí chí wèi guī, yīzhí zài àn'àn de jíjié zìjǐ de shìlì.

Shǐzhě yīzhí cuīcù hū bì liè huílái jìchéng dìwèi, zhǐyǒu tā huíláile, cáinéng wěndìng zhù zhèngjú, fǒuzé zhǐ huì yuè lái yuè luàn. Hū bì liè yě shēn zhī zhīdào zìjǐ gāi huíqùle, dànshì gōngdǎ nánsòng yīshí bàn huì shì zuò bù dàole, dàn tā bìxū dé zuò chū diǎn chéngjī ràng dàjiā kàn kàn.

Tā jìxù jiā dà duì nánsòng de gōngjí lìdù, zuìhòu nánsòng bùdé bù pài shǐzhě chūlái tánpàn, yǐ gēdì péikuǎn qiú hé, hū bì liè zhè cái dāyìng chèbīng, fǎnhuí ménggǔ guó.

Hū bì liè huílái hòu, chǔlǐ hā cháozhèng de shìqíng hòu, zhèngshì dēngjī chéngwéi ménggǔ guó de dìwáng, gǎi guó hào wèi yuán, suǒyǐ hū bì liè shì yuáncháo de dì yī rèn huángdì.

EASTERN EXPEDITION TO JAPAN (东征日本)

1	讲述	Jiǎngshù	Tell about; give an account of; narrate; recount
2	攻打	Gōngdǎ	Attack; assault; assail
3	以失败告终	Yǐ shībài gàozhōng	End in disaster
4	主人公	Zhǔréngōng	Leading character in a novel, etc.; hero or heroine; protagonist
5	战斗	Zhàndòu	Fight; battle; combat; action
6	闻风丧胆	Wénfēng sàngdǎn	Tremble with fear on hearing of; be alarmed at mere rumors
7	究竟	Jiùjìng	Outcome; what actually happened
8	一回事	Yī huí shì	One and the same
9	唐朝	Táng cháo	Tang Dynasty (618-907)
10	臣服	Chénfú	Submit oneself to the rule of
11	耿耿于怀	Gěnggěng yú huái	Take something to the heart; an unsettled, or disturbed mind
12	南宋	Nánsòng	The Southern Song Dynasty
13	频繁	Pínfán	Frequently; often
14	贸易往来	Màoyì wǎnglái	Trade contacts; commercial intercourse
15	贸易对象	Màoyì duìxiàng	Trade partners
16	助手	Zhùshǒu	Helper; aide; assistant
17	攻下	Gōng xià	Capture; take; overcome
18	南宋	Nánsòng	The Southern Song Dynasty
19	艰难	Jiānnán	Difficult; hard; arduous
20	第一次	Dì yīcì	First; for the first time

21	召集	Zhàojí	Call together; convene
22	一万	Yī wàn	Ten thousand
23	部队	Bùduì	Army; armed forces; troops; unit
24	远征	Yuǎnzhēng	Expedition
25	一开始	Yī kāishǐ	In the outset
26	胜仗	Shèngzhàng	Victorious battle; victory
27	从天而降	Cóngtiān'érjiàng	Drop from the clouds; come down from heaven; descend from heaven to earth
28	突如其来	Tūrú qílái	Come unexpectedly; arise suddenly; all of a sudden
29	淹死	Yān sǐ	Be drowned
30	沉没	Chénmò	Sink; submergence
31	战斗力	Zhàndòulì	Combat effectiveness; fighting capacity
32	在海上	Zài hǎishàng	On the sea
33	救兵	Jiùbīng	Relief troops; reinforcements
34	撤退	Chètuì	Withdraw; retreat; pull out
35	本来	Běnlái	Original
36	议和	Yìhé	Negotiate peace; make peace; conduct peace negotiations
37	使者	Shǐzhě	Emissary; envoy; messenger
38	谈判	Tánpàn	Negotiations; talks; negotiate
39	赤裸裸	Chìluǒ luǒ	Without a stitch of clothing; stark-naked
40	挑衅	Tiǎoxìn	Provoke; defiance
41	口气	Kǒuqì	Tone; note
42	这一次	Zhè yīcì	This time; on this occasion; for once
43	吸取	Xīqǔ	Absorb; draw; suck up; assimilate
44	上一次	Shàng yīcì	Last time

45	教训	Jiàoxùn	Lesson; moral
46	大概	Dàgài	General idea; broad outline
47	十五	Shíwǔ	Fifteen
48	兵分两路	Bīng fēn liǎng lù	The army branched out in two columns
49	陆路	Lùlù	Land route
50	水路	Shuǐlù	Waterway; water route
51	重创	Zhòng chuāng	Inflict heavy losses on; maul heavily
52	敌军	Dí jūn	Enemy troops; the enemy; hostile forces
53	况且	Kuàngqiě	Moreover; besides; in addition; furthermore
54	地盘	Dìpán	Domain; territory under one's control; sphere
55	再一次	Zài yī cì	Once again; resume
56	损失惨重	Sǔnshī cǎnzhòng	Heavy losses; tremendous losses
57	第二次	Dì èr cì	Second time
58	虽然	Suīrán	Though; although
59	发动	Fādòng	Start; launch; engine on; get started
60	第三次	Dì sān cì	Third time
61	时候	Shíhòu	Time
62	余力	Yúlì	Strength or energy to spare
63	不足	Bùzú	Not enough; insufficient; deficiency; shortage
64	日本人	Rìběn rén	Japanese person
65	台风	Táifēng	Typhoon; stage manners
66	神风	Shén fēng	Shenfeng; a metaphor for a swift army

Chinese (中文)

在讲述元朝的故事的时候，我们就已经讲到元朝三次攻打日本均以失败告终。而故事的主人公便是忽必烈，大家都知道忽必烈的战斗能力令人闻风丧胆，z 那这究竟又是怎样的一回事儿呢？

忽必烈想要攻打日本，有着充分的理由。首先，日本自唐朝以后，就一直没有臣服于中国，这让忽必烈十分耿耿于怀。而且，日本和南宋有频繁的贸易往来，日本还是南宋主要的贸易对象。忽必烈担心日本会成为南宋的一大助手，这样他想攻下南宋就更加艰难了，所以忽必烈想趁这个机会攻打日本。

第一次，忽必烈召集了大约一万余人的部队，还有九百多艘船舰，共同远征日本。本来一开始还是进行的比较顺利的，也打了许多胜仗。但是没过多久，一场台风从天而降，好多士兵都被突如其来的台风淹死了，船只也沉没了，战斗力大减，在海上也叫不到救兵，所以最后元军不得不撤退。

到了第二年的时候，忽必烈想着攻打太过艰难，对双方都有损失。本来忽必烈想的是议和，还派了使者过去谈判。但是没曾想，派过去的使者被杀了，这可是赤裸裸的挑衅。忽必烈吞不下这口气，再次决定东征日本。

这一次，他吸取了上一次的教训，召集了大概有十五万人的军队，而且兵分两路，分为陆路和水路。

但是军队登陆后便遭到了敌人的重创，可能敌军也是有备而来吧，况且又是在日本的地盘上，他们更加熟悉一些。水路这一边情况也没有好到哪里去，因为台风再一次重现，他们同样也损失惨重，所以第二次也失败了。

虽然忽必烈还想发动第三次，但是那个时候的他已经是心有余力不足了。日本因此逃过一劫，日本人也称这两次台风为"神风"。

Pinyin (拼音)

Zài jiǎngshù yuáncháo de gùshì de shíhòu, wǒmen jiù yǐjīng jiǎng dào yuán zhāo sāncì gōngdǎ rìběn jūn yǐ shībài gàozhōng. Ér gùshì de zhǔréngōng biàn shì hū bì liè, dàjiā dōu zhīdào hū bì liè de zhàndòu nénglì lìng rén wénfēngsàngdǎn,z nà zhè jiùjìng yòu shì zěnyàng de yī huí shì er ne?

Hū bì liè xiǎng yào gōngdǎ rìběn, yǒuzhe chōngfèn de lǐyóu. Shǒuxiān, rìběn zì táng cháo yǐhòu, jiù yīzhí méiyǒu chénfú yú zhōngguó, zhè ràng hū bì liè shífēn gěnggěng yú huái. Érqiě, rìběn hé nánsòng yǒu pínfán de màoyì wǎnglái, rìběn huán shì nánsòng zhǔyào de màoyì duìxiàng. Hū bì liè dānxīn rìběn kuài chéngwéi nánsòng de yī dà zhùshǒu, zhèyàng tā xiǎng gōng xià nánsòng jiù gèngjiā jiānnánle, suǒyǐ hū bì liè xiǎng chèn zhège jīhuì gōngdǎ rìběn.

Dì yīcì, hū bì liè zhàojíle dàyuē yī wàn yú rén de bùduì, hái yǒu jiǔbǎi duō sōu chuán jiàn, gòngtóng yuǎnzhēng rìběn. Běnlái yī kāishǐ háishì jìnxíng de bǐjiào shùnlì de, yě dǎle xǔduō shèngzhàng. Dànshì méiguò duōjiǔ, yī chǎng táifēng cóngtiān'érjiàng, hǎoduō shìbīng dōu bèi tūrúqílái de táifēng yān sǐle, chuánzhī yě chénmòle, zhàndòulì dà jiǎn, zài hǎishàng yě jiào bù dào jiùbīng, suǒyǐ zuìhòu yuán jūn bùdé bù chètuì.

Dàole dì èr nián de shíhòu, hū bì liè xiǎngzhe gōngdǎ tàiguò jiānnán, duì shuāngfāng dōu yǒu sǔnshī. Běnlái hū bì liè xiǎng de shì yìhé, hái pàile shǐzhě guòqù tánpàn. Dànshì méi céng xiǎng, pài guòqù de shǐzhě bèi shāle, zhè kěshì chìluǒluǒ de tiǎoxìn. Hū bì liè tūn bùxià zhè kǒuqì, zàicì juédìng dōng zhēng rìběn.

Zhè yīcì, tā xīqǔle shàng yīcì de jiàoxùn, zhàojíle dàgài yǒu shíwǔ wàn rén de jūnduì, érqiě bīng fēn liǎng lù, fēn wéi lùlù hé shuǐlù.

Dànshì jūnduì dēnglù hòu biàn zāo dàole dírén de zhòngchuāng, kěnéng dí jūn yěshì yǒu bèi ér lái ba, kuàngqiě yòu shì zài rìběn dì dìpán shàng, tāmen gèngjiā shúxī yīxiē. Shuǐlù zhè yībiān qíngkuàng yě méiyǒu hǎo dào nǎlǐ qù, yīnwèi táifēng zài yī cì chóng xiàn, tāmen tóngyàng yě sǔnshī cǎnzhòng, suǒyǐ dì èr cì yě shībàile.

Suīrán hū bì liè hái xiǎng fādòng dì sān cì, dànshì nàgè shíhòu de tā yǐjīng shì xīn yǒu yúlì bùzúle. Rìběn yīncǐ táoguò yī jié, rìběn rén yě chēng zhè liǎng cì táifēng wèi "shén fēng".

ILLNESS AND DEATH (患病去世)

1	说起来	Shuō qǐlái	In fact; as a matter of fact
2	戏剧性	Xìjùxìng	Dramatic; spectacular; unexpected; sudden
3	前半生	Qián bànshēng	The first half of one's life
4	所向披靡	Suǒxiàng pīmí	Triumphant; victorious
5	不可一世	Bù kè yīshì	Arrogant; feel like all-powerful; be swollen with inordinate arrogance
6	收获	Shōuhuò	Gather in the crops; harvest; reap; results
7	美满	Měimǎn	Happy; perfectly satisfactory
8	体贴	Tǐtiē	Show consideration for; give every care to
9	聪明	Cōngmíng	Intelligent; bright; clever
10	命运	Mìngyùn	Destiny; fate; lot; fortune
11	仿佛	Fǎngfú	Seem; as if; be more or less the same; be alike
12	开玩笑	Kāiwán xiào	Crack a joke; joke; make fun of; play a trick
13	后半生	Hòu bànshēng	Second half of one's life
14	越来越多	Yuè lái yuè duō	More and more
15	不可控	Bùkě kòng	Uncontrollable
16	用武力	Yòng wǔlì	By force
17	默默	Mòmò	Quietly; silently; mute
18	承受	Chéngshòu	Bear; support; endure
19	晚年	Wǎnnián	Old age; sunset; one's later years;

			twilight years
20	无疑	Wúyí	Beyond doubt; undoubtedly
21	一向	Yīxiàng	Earlier on; lately; consistently; all along
22	想想	Xiǎng xiǎng	Think; take under consideration
23	伴侣	Bànlǚ	Companion; mate; partner
24	陪伴	Péibàn	Accompany; keep somebody company
25	不了	Bùliǎo	Without end
26	去世	Qùshì	Die; pass away
27	器重	Qìzhòng	Think highly of; regard highly; have a high opinion of
28	下一个	Xià yīgè	Next; the next one
29	继承人	Jìchéng rén	Heir; successor; inheritor
30	寄予	Jìyǔ	Place on
31	重望	Zhòng wàng	Great renown; high hopes; great expectations
32	没想到	Méi xiǎngdào	Have not expected or thought of
33	白发	Bái fà	White hair
34	黑发	Hēi fǎ	Black hair
35	从小	Cóngxiǎo	From childhood; since one was very young; as a child
36	儒家思想	Rújiā sīxiǎng	Confucianism
37	皇子	Huángzǐ	Prince
38	当中	Dāngzhōng	In the middle
39	儒家	Rújiā	The Confucian school
40	推崇	Tuīchóng	Hold in esteem; praise highly
41	看重	Kànzhòng	Think highly of; regard as important; value; set store by
42	接任	Jiērèn	Take over a job; replace; succeed

43	自己的	Zìjǐ de	Self
44	至亲	Zhìqīn	Very close relative; close kin
45	从那以后	Cóng nà yǐhòu	Thereafter
46	暴饮暴食	Bào yǐn bàoshí	Eat and drink too much
47	坏习惯	Huài xíguàn	Bad habit
48	借酒消愁	Jiè jiǔ xiāo chóu	Drink down; cry in one's beer; drown one's sorrows; take solace in alcohol
49	暴食	Bàoshí	Eat too much at one meal
50	消化系统	Xiāohuà xìtǒng	Alimentary system; digestive system
51	规律	Guīlǜ	Law; regular pattern
52	饮食	Yǐnshí	Food and drink; diet
53	作息	Zuòxí	Work and rest
54	越来越	Yuè lái yuè	More and more
55	肥胖	Féipàng	Fat
56	坐骑	Zuòjì	One's personal mount; saddle horse
57	大象	Dà xiàng	Elephant
58	可见	Kějiàn	It is thus clear that; visible; visual
59	体格	Tǐgé	Physique; build
60	不健康	Bùjiàn kāng	Ill health; Unhealthy; illness; Poor health
61	之下	Zhī xià	Under
62	过度	Guòdù	Excessive; over
63	诱发	Yòufā	Bring out; induce; cause to happen
64	疾病	Jíbìng	Disease; illness; sickness
65	最后	Zuìhòu	Last; final; ultimate
66		Shuō qǐlái	

Chinese (中文)

说起来也是极具戏剧性，忽必烈的前半生所向披靡，不可一世，收获了事业，同样也收获了美满的爱情，有体贴的妻子和聪明的儿子。

但是命运仿佛在跟他开玩笑，到了后半生，忽必烈的生活里出现了越来越多不可控的问题，而这些问题用武力是解决不了的，只能默默承受。

忽必烈晚年丧妻，这对忽必烈来说无疑是很受打击的一件事。而且忽必烈和他妻子的关系一向很好，这突然一下离开了，一想想后半生将没有伴侣的陪伴了，换谁都肯定接受不了，忽必烈也是一样。

更加让人接受不了的是，在五年后，忽必烈的儿子真金又去世了。真金是忽必烈最器重的儿子，并且忽必烈还指定了他为下一个继承人，对他寄予重望，可没想到最后却是白发人送黑发人。

真金从小接受的便是儒家思想文化，在所有的皇子当中，真金是受儒家文化影响最深的，同时也十分推崇儒家文化，这也是深得忽必烈的真传，和忽必烈年轻的时候很像，因而忽必烈也十分看重这个儿子，希望以后能让他接任自己的位置。

可是没想到儿子先他一步走，命运仿佛在跟他开玩笑。短短几年忽必烈痛失了好几位至亲，忽必烈心理受到了很大的打击，于是试图通过喝酒麻痹自己。从那以后，忽必烈染上了酗酒和暴饮暴食的坏习惯，却经常是借酒消愁愁更愁，而暴饮暴食也使得他的消化系统变得紊乱。

忽必烈由于不规律的饮食和作息，变得越来越肥胖。坐骑都由之前的马换成了大象，可见他的体格变化的有多大。

正是在这样不规律不健康的生活之下，忽必烈因为过度肥胖而诱发了各种疾病，最后因病而死。

Pinyin (拼音)

Shuō qǐlái yěshì jí jù xìjùxìng, hū bì liè de qián bànshēng suǒxiàngpīmí, bù kè yīshì, shōu huò liǎo shìyè, tóngyàng yě shōuhuòle měimǎn de àiqíng, yǒu tǐtiē de qīzi hé cōngmíng de érzi.

Dànshì mìngyùn fǎngfú zài gēn tā kāiwánxiào, dàole hòu bànshēng, hū bì liè de shēnghuó lǐ chūxiànle yuè lái yuè duō bùkě kòng de wèntí, ér zhèxiē wèntí yòng wǔlì shì jiějué bùliǎo de, zhǐ néng mòmò chéngshòu.

Hū bì liè wǎnnián sàng qī, zhè duì hū bì liè lái shuō wúyí shì hěn shòu dǎjí de yī jiàn shì. Érqiě hū bì liè hé tā qīzi de guānxì yīxiàng hěn hǎo, zhè túrán yīxià líkāile, yī xiǎng xiǎng hòu bànshēng jiāng méiyǒu bànlǚ de péibànle, huàn shéi dōu kěndìng jiēshòu bùliǎo, hū bì liè yěshì yīyàng.

Gèngjiā ràng rén jiēshòu bùliǎo de shì, zài wǔ nián hòu, hū bì liè de érzi zhēn jīn yòu qùshìle. Zhēn jīn shì hū bì liè zuì qìzhòng de érzi, bìngqiě hū bì liè hái zhǐdìngle tā wèi xià yīgè jìchéngrén, duì tā jìyǔ zhòng wàng, kě méi xiǎngdào zuìhòu què shì bái fà rén sòng hēi fà rén.

Zhēn jīn cóngxiǎo jiēshòu de biàn shì rújiā sīxiǎng wénhuà, zài suǒyǒu de huángzǐ dāngzhōng, zhēn jīn shì shòu rújiā wénhuà yǐngxiǎng zuìshēn de, tóngshí yě shífēn tuīchóng rújiā wénhuà, zhè yěshì shēn dé hū bì liè de zhēnchuán, hé hū bì liè niánqīng de shíhòu hěn xiàng, yīn'ér hū bì liè yě shífēn kànzhòng zhège érzi, xīwàng yǐhòu néng ràng tā jiērèn zìjǐ de wèizhì.

Kěshì méi xiǎngdào érzi xiān tā yībù zǒu, mìngyùn fǎngfú zài gēn tā kāiwánxiào. Duǎn duǎn jǐ nián hū bì liè tòng shīle hǎojǐ wèi zhìqīn, hū bì liè xīnlǐ shòudàole hěn dà de dǎjí, yúshì shìtú tōngguò hējiǔ mábì zìjǐ. Cóng nà yǐhòu, hū bì liè rǎn shàngle xùjiǔ hé bào yǐn bàoshí de huài xíguàn, què jīngcháng shì jiè jiǔ xiāo chóu chóu gèng chóu, ér bào yǐn bàoshí yě shǐdé tā de xiāohuà xìtǒng biàn dé wěnluàn.

Hū bì liè yóuyú bù guīlǜ de yǐnshí hé zuòxí, biàn dé yuè lái yuè féipàng. Zuòjì dōu yóu zhīqián de mǎ huàn chéngle dà xiàng, kějiàn tā de tǐgé biànhuà de yǒu duōdà.

Zhèng shì zài zhèyàng bù guīlǜ bùjiànkāng de shēnghuó zhī xià, hū bì liè yīn wéi guòdù féipàng ér yòufāle gè zhǒng jíbìng, zuìhòu yīn bìng ér sǐ.

ANECDOTES (奇闻轶事)

1	涮羊肉	Shuài yángròu	Instant-boiled mutton; Mongolian fire pot; instant-boil slices of mutton in a chafing dish
2	羊肉	Yángròu	Mutton
3	说起	Shuō qǐ	Bring up; as for; with regard to
4	牧草	Mùcǎo	Pasture; herbage; forage grass; grazing
5	牛羊	Niú yáng	Cattle and sheep
6	盛产	Shèngchǎn	Abound in; teem with
7	饭桌	Fànzhuō	Dining table
8	非常喜欢	Fēicháng xǐhuān	Like ... very much; very much
9	有一次	Yǒu yīcì	Once; on one occasion
10	打仗	Dǎzhàng	Fight; go to war; make war
11	好多	Hǎoduō	A good many; a good deal; a great many; a lot of
12	战争	Zhànzhēng	War; warfare
13	以后	Yǐhòu	After; later on; afterwards; later
14	将士	Jiàngshì	Officers and men
15	疲惫	Píbèi	Tired out; weary; become fagged; exhausted
16	高强度	Gāo qiángdù	High strength
17	身心	Shēnxīn	Mind and body
18	家乡	Jiāxiāng	Hometown; native place
19	一道菜	Yīdào cài	Course
20	叫做	Jiàozuò	Be called; be known as
21	清炖羊肉	Qīngdùn	Boiled mutton

		yángròu	
22	立刻	Lìkè	Immediately
23	吩咐	Fēnfù	Tell; instruct; instructions
24	烧火	Shāohuǒ	Make a fire; light a fire; tend the kitchen fire
25	炖羊肉	Dùn yángròu	Haricot
26	突然	Túrán	Sudden; abrupt; unexpected; suddenly
27	敌军	Dí jūn	Enemy troops; the enemy; hostile forces
28	来犯	Lái fàn	Come to attack us; invade our territory
29	战况	Zhàn kuàng	Situation in the battlefield; progress of a battle
30	紧急	Jǐnjí	Urgent; pressing; critical; emergent
31	人马	Rénmǎ	Forces; troops
32	出击	Chūjí	Launch an attack; start off for attack
33	可是	Kěshì	But; yet; however
34	时候	Shíhòu	Time
35	已经	Yǐjīng	Already
36	不行了	Bùxíngle	On the point of death; dying
37	现在	Xiànzài	Now; at present; today; nowadays
38	一心	Yīxīn	Wholeheartedly; heart and soul
39	否则	Fǒuzé	Otherwise; if not; or else
40	主厨	Zhǔ chú	Be the chef; chef
41	切成	Qiè chéng	Cut into (sections, pieces, etc.)
42	调味	Tiáowèi	Sauce; flavor; season
43	调料	Tiáoliào	Seasoning; condiment; flavoring
44	顿时	Dùnshí	Immediately; suddenly; at once; forthwith

45	心花怒放	Xīnhuā nùfàng	Burst with joy
46	上阵	Shàngzhèn	Go into battle; pitch into the work
47	杀敌	Shā dí	Fight the enemy; engage in battle
48	特意	Tèyì	For a special purpose; specially
49	重新	Chóngxīn	Again; anew; afresh
50	大家	Dàjiā	Great master; authority
51	好评	Hǎopíng	Favorable comment; high opinion
52	流传	Liúchuán	Spread; circulate; hand down; pass current
53	至今	Zhìjīn	Up to now; hitherto; to this day; so far

Chinese (中文)

在现在，涮羊肉也是很有名的一道美食。但是你们知道，涮羊肉是怎么来的吗？这还得从元朝的建国皇帝——忽必烈说起。

大家都知道，蒙古那边，牧草丰富，非常适合牛羊的生长。所以内蒙古盛产牛羊，这也是他们饭桌上常见的食物，忽必烈也非常喜欢吃羊肉。

有一次，忽必烈在外打仗，在经历了好多场战争以后，各将士们都非常疲惫了，连续多天的高强度打仗，让他们身心俱疲。

这个时候忽必烈突然想起了家乡的一道菜，叫做清炖羊肉。于是他立刻吩咐下面的人，架锅烧火炖羊肉。

可是还没等羊肉放进锅里开始炖，突然有人来报，说有敌军来犯，战况紧急，必须立刻迎敌。忽必烈听了后，派了一队人马出击。

可是这个时候的忽必烈已经馋的不行了，羊肉就在眼前，他现在就一心想吃羊肉，否则连仗也打不好了。

主厨集中生智，他把羊肉切成薄薄的一片，然后立刻丢入锅中，等到羊肉变色的时候，便立刻捞上来，再调味调料。好了之后，便立刻奉上给忽必烈，忽必烈尝了一口，顿时心花怒放。吃完了以后便上阵杀敌，最后取得了胜利。

在庆功宴的时候，忽必烈还特意命人重新做了这一道菜，获得大家的一致好评，忽必烈给这道菜命名为"涮羊肉"，一直流传至今。

Pinyin (拼音)

Zài xiànzài, shuài yángròu yěshì hěn yǒumíng de yīdào měishí. Dànshì nǐmen zhīdào, shuài yángròu shì zěnme lái de ma? Zhè hái dé cóng yuáncháo de jiànguó huángdì——hū bì liè shuō qǐ.

Dàjiā dōu zhīdào, ménggǔ nà biān, mùcǎo fēngfù, fēicháng shìhé niú yáng de shēngzhǎng. Suǒyǐ nèiménggǔ shèngchǎn niú yáng, zhè yěshì tāmen fànzhuō shàng chángjiàn de shíwù, hū bì liè yě fēicháng xǐhuān chī yángròu.

Yǒu yīcì, hū bì liè zàiwài dǎzhàng, zài jīnglìle hǎoduō chǎng zhànzhēng yǐhòu, gè jiàngshìmen dōu fēicháng píbèile, liánxù duō tiān de gāo qiángdù dǎzhàng, ràng tāmen shēnxīn jù pí.

Zhège shíhòu hū bì liè túrán xiǎngqǐle jiāxiāng de yīdào cài, jiàozuò qīngdùn yángròu. Yúshì tā lìkè fēnfù xiàmiàn de rén, jià guō shāohuǒ dùn yángròu.

Kěshì hái méi děng yángròu fàng jìn guō lǐ kāishǐ dùn, túrán yǒurén lái fù, shuō yǒu dí jūn lái fàn, zhànkuàng jǐnjí, bìxū lìkè yíng dí. Hū bì liè tīngle hòu, pàile yī duì rénmǎ chūjí.

Kěshì zhège shíhòu de hū bì liè yǐjīng chán de bùxíngle, yángròu jiù zài yǎnqián, tā xiànzài jiù yīxīn xiǎng chī yángròu, fǒuzé lián zhàng yě dǎ bù hǎole.

Zhǔ chú jízhōng shēng zhì, tā bǎ yángròu qiè chéng báo báo de yīpiàn, ránhòu lìkè diū rù guō zhōng, děngdào yángròu biànsè de shíhòu, biàn lìkè lāo shànglái, zài tiáowèi tiáoliào. Hǎo liǎo zhīhòu, biàn lìkè fèng shàng gěi hū bì liè, hū bì liè chángle yīkǒu, dùnshí xīnhuānùfàng. Chī wánliǎo yǐhòu biàn shàngzhèn shā dí, zuìhòu qǔdéle shènglì.

Zài qìnggōng yàn de shíhòu, hū bì liè hái tèyì mìng rén chóngxīn zuòle zhè yīdào cài, huòdé dàjiā de yīzhì hǎopíng, hū bì liè gěi zhè dào cài mìngmíng wèi "shuài yángròu", yīzhí liúchuán zhìjīn.

www.QuoraChinese.com

www.ingramcontent.com/pod-product-compliance
Lightning Source LLC
LaVergne TN
LVHW081510060526
838201LV00056BA/3035